Dieses Buch gehört der
wundervollen und einzigartigen

....

Weil du ein wundervolles und einzigartiges Mädchen bist!

Katja Sommer

Weil du ein wundervolles und einzigartiges Mädchen bist!
Katja Sommer

ISBN: 9789403654522
1. Auflage 2022
Copyright © 2022 Katja Sommer, farbenkind Verlag

Alle Rechte vorbehalten. Vervielfältigung und Verbreitung, sowie Übersetzung, auch auszugsweise, nur mit schriftlicher Genehmigung des Verlages.

INHALT

Ein persönliches Vorwort für die Vorleser	1
Ein paar wichtige Worte zum Anfang	6
Das versteckte Talent	9
Ein großes Geheimnis	25
Gruselige Schatten	37
Die Überraschung	53
Gemeinsam sind wir stärker	67
Die Tanzstunde	81
Ein paar wichtige Worte zum Schluss	97

Ein persönliches Vorwort für die Vorleser

Liebe Eltern, liebe Großeltern, liebe Tanten und Onkel, liebe Erzieher, liebe „wer auch immer ihr seid"!

Das Buch, das Ihr nun in Händen haltet, wurde zusammen mit Erzieherinnen und Sozialpädagoginnen entwickelt. Dadurch konnten die jahrelangen beruflichen und familiären Erfahrungen direkt in die liebevollen Geschichten einfließen. Die Geschichten sind speziell auf Herausforderungen von Mädchen im Grundschulalter ausgerichtet.

Die Gedanken- und Gefühlswelt der Kinder verändert sich sehr in diesem Lebensabschnitt. Kinder spüren zum ersten Mal den immer größer werdenden Leistungsdruck unserer Gesellschaft. Kleinkindliche Ängste werden durch echte und reale Ängste abgelöst. Die Angst zu versagen, keine Freunde zu finden oder das Gefühl nicht genug zu sein, ist in diesem Alter oft sehr groß.

Damit Kinder diesen Lebensabschnitt gut meistern können, ist eine enge Bezugsperson sehr wichtig. Eine Bezugsperson hilft Kindern durch „dick und dünn", indem sie in schwierigen Phasen die richtigen Wörter findet und das Kind bei wichtigen Erlebnissen begleitet.

Dieses Buch soll Euch dabei helfen, Eure Mädchen auf eine liebevolle und pädagogische Weise auf die Herausforderungen des Lebens vorzubereiten. Damit unsere kleinen Leserinnen perfekt in die Geschichten eintauchen können, werden typische Alltagssituationen kindgerecht erzählt. Alle Geschichten handeln von Mädchen, die vor einer Herausforderung stehen, diese dann aber mit etwas Mut meistern.

Hier noch ein wichtiger Hinweis zum Vorlesen

Jede Geschichte enthält mehrere sogenannte „Reflexionsfragen". Ihr erkennt diese Fragen an einem kleinen Blümchen:

Die gezielt pädagogisch ausgewählten Fragen sollen ein gemeinsames und vertrauensvolles Gespräch anregen. Kinder lieben es, die eigenen Ideen und Gedanken in Geschichten einfließen zu lassen. Dies fördert die Fähigkeit, Probleme eigenständig zu lösen und vor allem eigene Gefühle und Gedanken bewusster wahrzunehmen. Achtsamkeit ist das Stichwort. Kinder, die regelmäßig in sich hineinhören und ihre Gefühle wahrnehmen, entwickeln Selbstvertrauen meist leichter. Sie lassen sich weniger von anderen beeinflussen und lernen, auf sich selbst und ihre Bedürfnisse zu hören.

Dieses Buch hilft Euren Mädchen dabei, dies auf unbewusste und fast schon spielerische Art zu üben. Wir als Erwachsene wissen alle, wie schnell es manchmal geht, die eigene innere Stimme im Wirbel des Alltags aus den Augen (beziehungsweise in diesem Fall „aus den Ohren") zu verlieren.

Nutzt deshalb diese Chance der gezielten „Reflexionsfragen", um die Beziehung zu Euren Mädchen liebevoll auf eine neue Ebene zu heben. Lernt Euch und Euer Mädchen neu kennen, indem Ihr Eure Gedanken und Gefühle bewusster wahrnehmt.

Darüber hinaus findet Ihr am Ende jeder Geschichte einen Absatz ‚Gedanken zur Geschichte', in welchem das jeweilige Problem der Geschichte nochmals kindgerecht erklärt wird. Dies soll den Mädchen dabei helfen, Zusammenhänge zu verstehen und die Lösungen im eigenen Leben anwenden zu können.

Eines bleibt mir noch zu sagen

Dieses Buch ist ein Herzensprojekt. Die größte Freude wäre für mich, wenn Euch dieses Buch dabei hilft, spannende Gespräche mit Euren Mädchen zu führen und sie damit unterstützt, ein Leben voller Mut, Selbstvertrauen und vor allem Einzigartigkeit zu führen.

Viel Freude und Spaß beim Lesen und Vorlesen,

Eure Katja Sommer

PS: Natürlich würde ich mich sehr über ein persönliches Feedback (positiv sowie konstruktiv) freuen! Schickt mir hierzu einfach eine E-Mail an:

✉ sommer.farbenkind@gmail.com

Ich verspreche Euch, dass ich jede Nachricht lesen werde.

Ein paar wichtige Worte zum Anfang

Hallo du wundervolles und einzigartiges Mädchen!

Du fragst dich bestimmt, welche spannenden und aufregenden Geschichten in diesem Buch auf dich warten. Das Buch hast du von einem besonderen Menschen bekommen, der dich sehr lieb hat. Der Grund, warum dich dieser Mensch lieb hat, ist eigentlich ganz einfach:

**Weil du wundervoll
und vor allem einzigartig bist!**

Ich möchte es dir nochmal in anderen Worten erklären: Jeder Mensch, genau wie du und ich, auf dieser Welt hat seine eigenen Eigenschaften, Stärken, Schwächen, aber auch Dinge, die er lieber tut als andere. Und genau

das alles macht uns wundervoll und einzigartig. Stell dir mal vor, wie es wäre, wenn jeder Mensch gleich wäre. Ganz schön langweilig, oder?

In den folgenden Geschichten geht es um Mädchen, die in verzwickten Situationen stecken. Bestimmt kennst du die eine oder andere Situation aus deinem eigenen Leben. Wenn nicht, dann hör gut zu, damit du von der Geschichte lernen kannst!

So, nun aber genug geredet, du bist wahrscheinlich schon sehr gespannt darauf, welche Herausforderungen die Mädchen haben und wie sie diese am Ende lösen.

Los gehts!

DAS VERSTECKTE TALENT

Luisa ist ein aufgewecktes Mädchen. Sie wird bald neun Jahre alt und geht in die dritte Klasse von Frau Schulz.

Am liebsten malt sie bunte Bilder. Dabei vergisst sie oft die Zeit und die Welt um sie herum. Außerdem spielt Luisa sehr gern mit ihren beiden Freundinnen Paula und Hannah, die ebenfalls in ihre Klasse gehen.

Luisa hat ihre Freundinnen sehr lieb, weil sie immer für sie da sind und jedes Mal großartige Ideen haben.

Paula ist die beste in der Klasse. Irgendwie kann sie alles richtig gut, besonders Mathe ist ihre Stärke. Hannah hingegen ist eine Sportskanone. Sie gewinnt jeden Wettlauf und spielt sogar Fußball mit den Jungs.

Luisa findet sich dagegen manchmal richtig langweilig. Sie kann zwar alles irgendwie ganz gut, aber sie glaubt, dass sie nie die Beste ist.

Natürlich freut sie sich für ihre Freundinnen, wenn sie beim Sportfest gewinnen, oder eine Eins in der Mathearbeit schreiben. Manchmal ist sie aber auch traurig und sogar ein bisschen eifersüchtig auf ihre Freundinnen. Sie möchte auch mal die Beste sein und bejubelt werden, so wie Paula und Hannah.

Aber Luisa zweifelt dann oft viel zu sehr an sich selbst und traut sich nicht zu zeigen, was sie alles kann. Oft wird sie deshalb ganz still und lässt den anderen den Vortritt, weil sie denkt,

sie ist nicht gut genug.

❋ **Kennst du das Gefühl von Luisa? Was würdest du zu Luisa sagen, um sie aufzumuntern?**

In dieser Woche ist in Luisas Schule Projektwoche. Gemeinsam mit ihren Lehrern haben sich die Kinder der dritten Klasse überlegt, welche Projekte sie umsetzen wollen. Jede Gruppe wird dabei von einem Schüler geleitet, der in dem jeweiligen Thema besonders gut ist.

Hannah leitet natürlich die Sportgruppe, die sich draußen auf dem Sportplatz neue Spiele und Wettkämpfe für den Sportunterricht ausdenken soll. Auch Paula hat sich sofort für die Wissenschaftsgruppe gemeldet und macht mit ihrer Gruppe spannende Experimente.

Luisa aber bleibt bei der Aufteilung der Gruppen ganz ruhig im Hintergrund. Sie findet, dass sie in keinem Thema besonders gut ist, um eine der Gruppen übernehmen zu können. Deshalb ist sie lieber still und hält sich zurück, auch wenn sie das traurig macht. Sie stellt sich vor, wie es wäre, wenn sie eine Gruppe leitet und dann einen Fehler macht. Sie hat Angst, dass die anderen dann sehr enttäuscht von ihr sind.

In der Mittagspause sitzt Luisa still da und stochert lustlos in ihrem Essen, während Paula und Hannah mit viel Spaß von ihren Projektgruppen erzählen.

„Hey Luisa, du bist so still heute! Ist alles okay bei dir?", fragt Hannah nach einer Weile.

„Ja, ja! Alles gut! Ich weiß nur immer noch nicht, was ich in der Projektwoche machen soll", antwortet Luisa.

Sie möchte nicht zugeben, dass sie eigentlich traurig ist und gar keine Lust mehr hat mitzumachen, weil sie denkt, dass sie ja ohnehin nichts richtig gut kann.

„Frau Schulz sucht doch noch jemanden, der ihr bei der Kunstgruppe hilft. Die machen die Dekoration für die ganze Schule und wollen auch eine Galerie zusammenstellen!", sagt Paula begeistert.

„Ja, du kannst doch so gut malen!", sagt Hannah ganz aufgeregt.

Aber Luisa ist sich unsicher. „Ich weiß nicht! Ich male doch immer nur zu Hause, so zum Spaß! Das ist doch nichts Besonderes! Aber Lust hätte ich schon!"

Nach der Pause geht Luisa gleich zu Frau Schulz. Sie freut sich sehr, als Luisa fragt, ob sie mitmachen kann. „Sehr gerne, Luisa! Eine kleine Künstlerin, wie du, hat mir in der Gruppe noch gefehlt!"

Luisa merkt, wie sie rot wird und schaut auf den Boden. ‚Eine Künstlerin, das wäre ich gern!', denkt sie. Bei dem Gedanken muss sie sogar ein bisschen schmunzeln. Dann legt sie auch schon direkt los und hilft mit, die Tische für die Dekorationsarbeiten vorzubereiten.

❀ **Was macht dir so richtig Spaß? Gibt es etwas, was du gerne mal neu ausprobieren möchtest?**

Beim Malen der Plakate hat Luisa richtig Spaß

und vergisst wieder die Zeit. Frau Schulz hat nebenbei Musik angemacht und Luisa tanzt durch den bunten Kunstraum.

Ehe sie sich versieht, ist es Nachmittag und gemeinsam mit den anderen Kindern aus der Projektgruppe hängt sie die Plakate in der ganzen Schule auf. Als sie sich ihr Werk ansieht, kommen gerade Paula und Hannah.

„Wow! Das sieht cool aus! Hast du das gemalt?", fragt Paula.

„Na ja, das haben wir zusammen gemacht, also ich mit den anderen", antwortet Luisa bescheiden. Manchmal ist sie sich nicht sicher, ob ihre Freundinnen sie nur loben, weil sie Luisa gerne haben und nett zu ihr sein wollen. Aber ein bisschen stolz ist sie schon.

Für den Rest der Woche hat Frau Schulz für jeden Teilnehmer der Kunstgruppe eine Staffelei und Ölfarben besorgt. Luisa freut sich riesig darüber, denn mit so etwas wollte sie immer schon einmal malen.

Zunächst kann sich Luisa kaum entscheiden. Sie hat so viele Ideen in ihrem Kopf. ‚Es soll doch das schönste Bild werden, das ich bisher gemalt habe', denkt sie. Nachdem sie sich endlich entschieden hat, legt sie los und ist mit

ganz viel Spaß und Leidenschaft bei der Sache.

Frau Schulz geht immer mal wieder durch den Raum. Sie hilft ihren Schülern, wenn etwas nicht funktioniert und sagt immer wieder Sachen wie: „Oh, wie schön!" und „Das sieht ja toll aus!"

Luisa nimmt dieses Lob gar nicht so richtig wahr. Sie findet ihr Bild zwar sehr schön, aber so schön nun auch wieder nicht. Und schließlich sagt Frau Schulz ja auch den anderen, dass ihre Bilder gut aussehen.

Am Ende der Woche ist Luisa aber sehr zufrieden. Ihr Bild ist genauso geworden, wie sie es sich vorgestellt hatte.

In der Zwischenzeit hat Frau Schulz Haken auf dem Flur vor dem Kunstraum angebracht. Denn alle Bilder aus der Projektwoche sollen hier in einer kleinen Galerie ausgestellt werden. Die Kinder tragen ein Bild nach dem anderen nach draußen und Frau Schulz hängt sie auf. Wieder lobt sie jeden Einzelnen für die wunderschönen Gemälde.

Am Freitag stellen sich die einzelnen Projektgruppen der dritten Klasse gegenseitig ihre Ergebnisse vor. Am Kunstraum angekommen, holt Frau Schulz ihre Gruppe nach vorne und sagt zu allen anderen Kindern: „Unsere Dekorationen habt ihr ja alle schon gesehen. Hier zeigen wir euch nun unsere kleine Galerie. Diese einzigartigen Gemälde haben unsere Künstler diese Woche gemalt! Ihr dürft ruhig mal klatschen!"

Und tatsächlich klatschen alle Kinder wie verrückt. Luisa schaut verlegen, freut sich aber sehr über den Applaus.

Dann richtet sich Frau Schulz an ihre Gruppe und fährt fort: „Ihr habt das diese Woche großartig gemacht, Kinder! Eure Bilder sind alle wunderschön geworden und ihr könnt stolz auf euch sein!" Frau Schulz macht eine kurze Redepause und schaut zu Luisa. „Aber ich muss sagen, Luisa, dein Bild ist das Schönste von allen! Du hast ein besonderes Talent zum Malen!"

Luisa läuft rot an und weiß gar nicht, was sie sagen soll! Hinter ihr stehen Paula und Hannah und klatschen zusammen mit den anderen Kindern.

„Siehst du!", sagt Hannah ihr ins Ohr. „Ich sag doch, du bist eine tolle Malerin!"

Luisa hat Tränen in den Augen und ihr Herz pocht ganz laut. Es fühlt sich großartig an und sie ist unglaublich stolz.

❋ **Worauf warst du zuletzt so richtig stolz? Wie hat sich der Moment angefühlt?**

„Na siehst du mein Engel!", sagt Mama am Nachmittag, als Luisa ihr alles erzählt. „Ich weiß, es ist nicht leicht nach vorne zu gehen und sich zu zeigen. Jeder möchte der Beste sein. Und gleichzeitig zweifeln wir an uns selbst und haben Angst davor, etwas falsch zu machen. Das ist schon verrückt, oder?"

„Eigentlich hast du recht, aber ich trau mich

immer nicht!", sagt Luisa und kuschelt sich in Mamas Arm.

„Ich weiß", sagt Mama. „Das geht mir auch manchmal so! Aber trau dich! Du bist toll!"

Am Dienstag nach der Projektwoche hat Luisa wieder Kunstunterricht. Als sie in den Kunstraum kommt, ruft Frau Schulz sie lächelnd herbei.

„Hallo Luisa!", sagt Frau Schulz. „Ich wollte dir noch einmal sagen, wie schön ich dein Bild finde! Ich glaube, du nimmst das manchmal nicht so richtig wahr, aber du bist wirklich sehr talentiert!"

Luisa schaut sie mit großen Augen an. Sie kann gar nicht richtig glauben, was ihr Frau Schulz gerade gesagt hat.

„Ich habe meiner Freundin ein Foto von deinem Bild gezeigt", sagt Frau Schulz weiter und Luisa hört gespannt zu. „Sie ist eine richtige

Malerin und hat sogar eine große Ausstellung in der Stadt! Auch sie findet dein Bild wunderschön. Wenn du möchtest, kannst du sie mit deinen Eltern mal in der Galerie besuchen."

Die ganze Kunststunde strahlt Luisa vor sich hin. Von nun an möchte sie sich mehr zutrauen. Sie kann richtig gut malen. Es ist ihr bisher nur nicht bewusst gewesen.

Luisa ist glücklich und freut sich sehr auf den Ausflug zur Galerie in der Stadt.

Gedanken zur Geschichte

Was meinst du: Hat Luisa nun bemerkt, dass ihr Talent zum Malen etwas ganz Besonderes ist?

Überleg mal: Was kannst du besonders gut? Ich weiß, das ist gar nicht mal so einfach. Aber lass dir gesagt sein: Jeder Mensch auf dieser Welt

kann irgendetwas besonders gut.

Oft müssen wir dies jedoch erst herausfinden!

Solltest du noch nicht wissen, was du besonders gut kannst, mach dich auf die Suche und probiere etwas Neues aus.

Wie wäre es mit einer neuen Sportart oder einem Musikinstrument? Kannst du gut mit Tieren oder Pflanzen umgehen? Worin bist du in der Schule gut oder was macht dir besonders viel Spaß?

Vielleicht steckt ja auch eine kleine Künstlerin, wie Luisa, in dir?

Sei mutig und finde es heraus!

EIN GROSSES GEHEIMNIS

Emma liebt es bunt. Am liebsten schlüpft sie mit ihrer besten Freundin Leni in die verrücktesten Kostüme. Dann sind die beiden wunderschöne Prinzessinnen, gruselige Geister oder auch kunterbunte Regenbogenelfen. Emma und Leni lachen immer sehr viel zusammen und sie können sich immer aufeinander verlassen.

❋ **Hast du auch schon eine beste Freundin oder einen besten Freund gefunden? Was bedeutet Freundschaft für dich?**

In letzter Zeit hat Emma aber beobachtet, dass Leni nicht mehr so viel lacht. Wann immer Emma mit ihr neue Kostüme ausprobieren will oder ihr andere Vorschläge zum Spielen macht, hat Leni keine Lust. Als Leni sie fragt, ob sie demnächst für zwei Nächte bei Emma übernachten kann, freut sich Emma sehr und hofft, dass nun alles wieder in Ordnung ist. Leni erzählt, dass ihre Mama auf einer beruflichen Reise ist.

Nachdem Emmas Eltern zugestimmt haben, steht Leni am nächsten Tag mit ihrer grünen Tasche bei Emma vor der Tür.

„Hey Leni, schön, dass du da bist! Jetzt können wir den ganzen Abend Quatsch machen!", freut sich Emma.

„Mmh", antwortet Leni nur und lächelt bedrückt.

„Man, Leni, was ist denn mit dir los?", fragt

Emma besorgt, nachdem Leni ihre Tasche in das Zimmer gebracht hat. Als sich Leni dann umdreht, kullern ihr dicke Tränen über die Wangen.

„Du darfst es niemandem erzählen, Emma! Versprichst du mir das?", bittet Leni.

Emma ist verwirrt. „Was soll ich nicht erzählen? Was ist denn passiert?" Sie gibt Leni ein Taschentuch und die beiden kuscheln sich in Emmas Bett.

„Ich bin von zu Hause abgehauen", gibt Leni kleinlaut zu.

„Warum das denn? Jetzt erzähl doch mal von vorne!", bittet Emma.

„Ich hab schon wieder eine Fünf in Mathe geschrieben", versucht Leni zu erklären.

„Das ist ja blöd! Aber deshalb musst du doch nicht gleich von zu Hause weglaufen?", meint Emma zuversichtlich. „Und warum keiner wissen darf, dass du hier bist, versteh ich auch nicht."

„Erzähl es einfach keinem, okay?" Lenis Stimme klingt ernst.

„Okay!", verspricht Emma. Den Nachmittag verbringen die beiden Freundinnen damit, einen Film anzusehen und lustlos ihre Hausaufgaben zu erledigen. Emma ist jedoch gar nicht richtig bei der Sache und grübelt die ganze Zeit, wie sie Leni helfen kann.

Seitdem Emma Leni versprochen hat, niemandem etwas zu erzählen, hat sie Bauchschmerzen. Leni kann doch schließlich nicht für immer in ihrem Zimmer wohnen. Andererseits kann sie Leni aber auch nicht einfach wegschicken. Sie überlegt, ob Lenis Mutter wirklich auf Dienstreise ist, oder ob Leni gelogen hat, um bei ihr übernachten zu können. Immerhin versteht sie jetzt, warum Leni die letzten Tage so bedrückt war. Emma fühlt sich hilflos und traurig.

❋ Was glaubst du: Wie könnte Emma ihrer Freundin Leni helfen?

Als Leni am Abend schon eingeschlafen ist, schleicht sich Emma leise aus dem Zimmer. Sie geht auf Zehenspitzen ins Schlafzimmer ihrer Eltern, die auch bereits im Bett liegen.

„Mama, hast du kurz Zeit?", fragt Emma

zögerlich. Sie will ihr Versprechen, nichts zu verraten, nicht brechen, denn sie hat Leni sehr lieb. Und das Vertrauen von ihrer Freundin ist ihr sehr wichtig. Sie will aber auch nicht ihre Eltern anlügen. Emma ist verzweifelt und weiß nicht, was sie tun soll. ‚Mama weiß doch immer einen Rat', denkt sie und atmet tief durch.

„Warum schläfst du denn noch nicht? Ist alles okay?", fragt Mama besorgt, woraufhin Emma den Kopf schüttelt. Sie deutet Emma, sich zu ihr auf das Bett zu setzen.

„Was ist denn los, habt ihr euch gestritten?"

„Nein, gestritten nicht. Aber ich hab Leni versprochen, dass ich nichts verrate. Und jetzt weiß ich nicht, was ich machen soll", stammelt Emma und schaut ihre Mama verzweifelt an.

„Meinst du denn, dass es besser für Leni wäre, wenn du es verrätst?", fragt Mama vorsichtig.

„Ich glaub schon", antwortet Emma und lässt

den Kopf hängen. Sie holt tief Luft und flüstert ihrer Mama ins Ohr: „Leni ist von zu Hause weggelaufen, weil sie eine Fünf geschrieben hat und ich weiß nicht, ob ihre Mutter wirklich auf Geschäftsreise ist. Aber sie kann doch erstmal hierbleiben, oder?"

„Na ja, grundsätzlich schon", antwortet Mama nachdenklich. „Aber wir müssen Lenis Mutter Bescheid geben! Die macht sich sicher große Sorgen!"

„Auweia! Daran hab ich gar nicht gedacht", sagt Emma erschrocken.

„Das ist okay! Du versuchst jetzt erstmal zu schlafen und bist für Leni da. Ich rufe ihre Mama an und sage ihr, dass sie sich keine Sorgen machen soll, ja?"

Emma fällt ein Stein vom Herzen. Sie fühlt sich nun deutlich besser, jetzt, als sie ihrer Mama alles erzählen konnte. So ein großes Geheimnis

kann einem wirklich Bauchschmerzen bereiten! Aber plötzlich ist da ein anderes Gefühl. Emma macht sich nun Sorgen, dass Leni wütend auf sie sein wird und ihr nicht mehr vertraut, weil sie ihr Versprechen gebrochen hat. Unruhig geht Emma wieder in ihr Kinderzimmer zurück und versucht einzuschlafen.

✿ Findest du es richtig, dass sich Emma an ihre Mama gewendet hat? Was glaubst du, wird Leni davon halten, dass Emma ihr Versprechen gebrochen hat?

Als am nächsten Morgen Emmas Familie und Leni beim Frühstück sitzen, klingelt es an der Tür. Emmas Mama geht aus der Küche und kommt mit Lenis Mutter zurück.

„Leni, hier vermisst dich jemand ganz doll!", sagt Emmas Mama.

Leni bekommt erst große Augen vor Schreck,

läuft dann aber schnell zu ihrer Mama und kuschelt sich in ihren Arm. Lenis Mama gibt ihr einen Kuss auf die Stirn und fragt dann besorgt: „Warum machst du denn solche Sachen, mein Schatz?"

Leni zögert. Sie schaut von ihrer Mama, zu Emma und wieder zurück. Emma beobachtet alles angespannt und hofft, dass Leni ihr verzeihen kann.

„Ich hab schon wieder eine Fünf in Mathe bekommen", gibt Leni traurig zu.

„Ach Leni! Natürlich ist das nicht schön", sagt ihre Mama, „aber das ist noch lange kein Grund, dass du von zu Hause wegläufst!"

„Ich dachte, du hast mich nicht mehr lieb, wenn ich vielleicht die Klasse wiederholen muss."

„Was? Ich hab dich immer lieb mein Schatz! Über alles auf der Welt!", beteuert ihre Mama und umarmt Leni fest. „Egal was ist, du kannst immer zu mir kommen! Hast du das verstanden?" Leni nickt erleichtert.

Emma ist froh, dass Lenis Mama so reagiert hat. Sie wirft ihrer eigenen Mama einen dankbaren Blick zu. Trotzdem hat Emma immer noch ein ungutes Gefühl, da sie nicht weiß, ob ihre Freundin sauer auf sie ist.

Als Leni nach dem Frühstück ihre Sachen aus Emmas Zimmer holt, fragt Emma vorsichtig bei Leni nach: „Hast du mich denn auch noch lieb?"

Leni kneift kurz die Augen zusammen und tut so, als müsste sie überlegen. „Na klar, Emma! Zuerst war ich kurz sauer, aber eigentlich hast du ja genau das Richtige gemacht. Danke!", sagt Leni und drückt ihrer Freundin einen dicken Schmatzer auf die Wange.

Emma winkt ihrer Freundin noch, als das Auto mit Leni und ihrer Mama losfährt. Sie ist erleichtert.

Es war nicht einfach, ein Versprechen zu brechen. Aber es war die richtige Entscheidung, weil Leni jetzt wieder glücklich ist. Emma freut sich schon darauf, wenn sie das nächste Mal mit Leni wieder in bunte Kostüme schlüpfen und mit ihr lachen kann.

Gedanken zur Geschichte

Ui, ui, ui… Das war aber eine ganz schön schwierige Situation für Emma, oder?

Im Leben stehen wir oft vor schweren Entscheidungen, bei denen wir nicht wissen, was richtig ist.

In einer Freundschaft ist es wichtig, dass wir uns auf den anderen verlassen können. Gleichzeitig wollen wir, dass es unseren Freunden gut geht. Obwohl Emma das Versprechen an Leni gebrochen hat, hat sie ihr am Ende damit geholfen.

Wenn du bei einer schwierigen Entscheidung nicht weiterweißt, so gehe am besten zu jemandem, dem du vertraust und öffne dich. Dies können deine Eltern, deine Geschwister, oder auch deine Freunde sein. Zusammen findet ihr bestimmt eine gute Lösung für alle!

GRUSELIGE SCHATTEN

Marie hat viele Freundinnen und ist bei allen sehr beliebt. Sie ist hilfsbereit und hat immer ein offenes Ohr für die Sorgen der anderen.

Besonders gern ist sie mit ihren Freundinnen unterwegs, da es mit ihnen nie langweilig wird. Lotte hat immer die tollsten Ideen, Chiara hat immer einen Plan, wie man Lottes Ideen umsetzen kann und Lena übernimmt die Führung, wenn sich die anderen nicht entscheiden können. Kommt es doch mal zum Streit, so ist Marie diejenige, die zwischen allen schlichten kann und eine Lösung parat hat. Manchmal denkt Marie aber, sie wäre zu langweilig und versucht deshalb oft, es den anderen recht zu machen. Ihre eigene Meinung behält sie dann lieber für sich, weil sie Angst davor hat, dass Lotte, Chiara und Lena sie vielleicht weniger mögen, wenn sie anders als ihre Freundinnen denkt.

❀ **Kennst du das: Traust du dich auch manchmal nicht, deine Meinung zu sagen, weil du Angst vor der Reaktion deiner Freunde hast? Was würdest du an Maries Stelle tun?**

Es ist Herbst und der große Wald hinter Maries Haus ist bereits voller bunter Farben. Jetzt, wenn es früher dunkel wird, hat Marie mit ihren Eltern abgesprochen, schon etwas früher nach Hause zu kommen. Eigentlich darf Marie nämlich länger draußen bleiben. Sie hat die frühere Zeit aber selbst vorgeschlagen, weil sie

die Dunkelheit draußen unheimlich findet. Überall kommen gruselige Schatten aus den Ecken und Marie weiß nie, was sich hinter diesen Schatten verbirgt. Oft erschreckt sie dann bei jedem kleinsten Rascheln und bekommt sogar richtig Gänsehaut. Dieses Gefühl mag sie überhaupt nicht.

Ihren Freundinnen macht die Dunkelheit scheinbar nichts aus, denn sie wollen genauso lange draußen bleiben, wie sonst auch.

Am nächsten Nachmittag spielen die vier Mädchen wieder gemeinsam. Als die Sonne hinter dem Horizont verschwindet und es langsam dunkel wird, ist es für Marie eigentlich Zeit sich auf den Heimweg zu machen. Als sie dies ihren Freundinnen erzählt, wirken diese etwas enttäuscht.

„Ach komm schon, bleib doch noch ein bisschen!", sagt Chiara. „Sei keine

Spielverderberin!"

„Ja, genau!", stimmt Lena zu. „So spät ist es doch noch gar nicht und wir sind ja auch noch hier!"

Marie ist plötzlich ganz unentschlossen. Sie will keine Spielverderberin und schon gar kein Angsthase sein. Marie macht sich Gedanken, was ihre Freundinnen über sie denken könnten, wenn sie nun schon den Heimweg antritt. Also bleibt sie noch ein bisschen, auch wenn sie eigentlich viel lieber bereits zu Hause wäre.

Während die anderen noch heiter weiterspielen und schon lustige Pläne für den nächsten Tag schmieden, steht Marie nur noch daneben und ärgert sich über sich selbst. Zum Lachen ist ihr gerade gar nicht mehr zumute, denn die ganzen gruseligen Schatten auf ihrem Heimweg lassen ihr einen kalten Schauer über den Rücken laufen.

Aber natürlich ist sie auch gern mit ihren Freundinnen zusammen und möchte gern länger draußen bleiben. In Maries Kopf dreht sich alles im Kreis. Sie ärgert sich, dass sie so ängstlich ist. Am Ende weiß sie nicht mehr, was sie richtig oder falsch finden soll und was sie hätte tun sollen.

Findest du, dass Marie ein Angsthase ist? Kannst du ihre Gefühle nachvollziehen?

Als sich Marie dann bedrückt und im Dunkeln auf den Heimweg macht, schaut sie sich immer wieder ängstlich um und ist gleichzeitig sauer auf sich selbst.

In ihrem Kopf drehen sich ihre Gedanken hin und her: ‚Warum hab ich mich nur überreden lassen? Aber was, wenn meine Freundinnen mich doof finden, weil ich ein Angsthase bin?'

Mit hochgezogenen Schultern und verschränkten Armen, geht Marie mit schnellen und großen Schritten den dunklen Weg nach Hause. Als rechts im Gebüsch hinter einer Laterne etwas knackt, zuckt sie richtig zusammen und läuft den Rest des Weges so schnell, wie sie nur kann. Nur noch eine Ecke, dann hat es Marie endlich geschafft.

„Nanu, du schnaufst ja so! Wolltest du nicht schon viel früher zu Hause sein?", fragt Papa, als Marie zu Hause angekommen ist. Aber er

klingt dabei eher besorgt als böse.

„Ja, ich wollte auch schon viel früher los. Aber ich hab mich überreden lassen, noch zu bleiben und dann bin ich gerannt, weil es schon so dunkel war und ...", erklärt Marie und lässt den Kopf hängen.

„Ach, meine Marie!", sagt Papa. „Komm erstmal an und lass uns gleich beim Abendessen darüber sprechen."

Später beim Abendessen sitzen Mama, Papa, Marie und ihr großer Bruder Max zusammen. Marie sitzt mit gesenktem Kopf am Tisch und hat gar keinen Hunger, weil sie über ihre Freundinnen nachdenkt.

„So, jetzt erzähl doch mal!", fängt Papa an und gibt ihr einen liebevollen Schubs von der Seite. Marie starrt auf ihren Teller und versucht ihre Gedanken zu sortieren.

„Also, ich wollte eigentlich losgehen, bevor es dunkel wird. Aber dann meinten Chiara und Lena, ich soll mich nicht so haben und dass sie ja auch noch da sind. Und dann hab ich mich nicht getraut zu sagen, dass ich immer Angst im Dunkeln hab. Die anderen denken sonst bestimmt, dass ich ein Baby bin! Aber danach hat es dann auch gar keinen Spaß mehr gemacht, weil ich die ganze Zeit überlegt hab, was ich ihnen sagen soll und nur noch an den gruseligen Heimweg gedacht hab."

„Ja, das kenn ich!", sagt Max plötzlich und Marie schaut ihn verwundert und mit großen Augen an. Ihr großer Bruder Max hat eigentlich nie vor etwas Angst. „So ging es mir früher auch manchmal, dass ich Sachen mitgemacht hab, weil ich dachte, ich bin sonst nicht cool genug für meine Freunde! Aber du musst lernen, auf deinen Bauch zu hören. Damit geht es dir am besten!"

Marie schaut ihn traurig an. „Und was ist, wenn meine Freunde mich dann nicht mehr dabeihaben wollen, weil ich nicht so bin wie sie?"

„So ein Quatsch!", lacht Max. „Und wenn deine Freundinnen dich da nicht verstehen, sind sie auch keine richtigen Freunde!"

„Da hat dein Bruder recht!", stimmt Mama zu. „Auch wenn er jetzt darüber lachen kann, war er damals genauso traurig wie du. Na klar müssen wir manchmal Kompromisse machen und auch mal etwas durchstehen, was wir nicht so besonders mögen. Es ist aber mindestens genauso wichtig, auf seine eigenen Gefühle und Bedürfnisse zu achten. Manchmal finden es die anderen sogar richtig gut, wenn du sagst, wie es dir geht. Denn zu sich selbst zu stehen, beweist viel Stärke und Mut!"

❋ **Was denkst du: Warum ist es so wichtig, auf seine eigenen Gefühle und Bedürfnisse zu hören? Welchen Tipp würdest du Marie jetzt geben?**

Als sich Marie dann in ihr kuscheliges Bett legt, grübelt sie nochmal vor sich hin. Sie findet zwar, dass Mama und Max recht haben, aber ihr komisches Gefühl ist immer noch da.

„Aber was soll ich denn jetzt bloß machen?", fragt Marie ihre Mama später beim Gute Nacht sagen.

Mama sagt liebevoll zu ihr: „Du sagst deinen Freundinnen morgen einfach, dass du dich wohler fühlst, wenn du im Hellen nach Hause gehst. Das werden sie sicher verstehen. Und du kannst ihnen ja vorschlagen, dass sie die letzte halbe Stunde gern mit zu dir kommen oder dich nach Hause begleiten können. Dann seid ihr doch auch länger zusammen. Was meinst du?"

„Okay, ich versuch es!", antwortet Marie und kuschelt sich in ihr Lieblingskissen ein.

Auch am nächsten Tag verbringen die vier Freundinnen wieder einen lustigen Nachmittag miteinander. Lotte ist heute richtig gut gelaunt und bringt jeden mit ihrem Gekicher zum Lachen. Als Marie dann aber bemerkt, dass es langsam Zeit wird zu gehen, kommen die kreisenden Gedanken zu ihr zurück. Sie versucht, sich an das zu erinnern, was ihr Mama

gestern Abend vorgeschlagen hat. Marie holt tief Luft.

„Ich hab mich gestern sehr geärgert!", legt sie los und ihre Freundinnen schauen sie erstaunt und mit großen Augen an. „Über mich selbst, meine ich!"

„Wieso das denn?", fragt Lotte nach. „Was war denn los?"

„Also", zögert Marie, doch dann nimmt sie all ihren Mut zusammen, „dass ich eher zu Hause sein muss, das kommt nicht von meinen Eltern. Ich wollte das so, weil ich nicht im Dunkeln nach Hause gehen mag. Und gestern musste ich mich ärgern über mich, weil ich mich hab überreden lassen doch länger zu bleiben, obwohl ich das eigentlich gar nicht wollte."

„Ach Marie!", sagt Lena verständnisvoll. „Ich hab gestern schon gemerkt, dass du irgendwie anders als sonst warst. Zu viert macht das

Spielen einfach mehr Spaß, deshalb wollten wir noch länger Zeit mit dir verbringen!"

Marie fällt ein Stein vom Herzen. Sie fühlt sich sofort viel wohler.

„Deshalb wollte ich euch vorschlagen, dass wir heute noch ein bisschen zu mir gehen können. Dann sind wir ja auch zu viert! Was sagt ihr?"

„Coole Idee! Mir wird es grad sowieso zu kalt!", freut sich Chiara. Alle vier kichern wieder um die Wette und machen sich auf den Weg zu Marie.

Marie führt ihre Freundinnen zu sich nach Hause. Auf dem Weg hakt sich Lotte bei ihr ein und sagt: „Das fand ich voll stark gerade von dir! Du bist sonst immer so zurückhaltend. Du kannst ruhig öfter mal deine Meinung sagen, dann haben wir bestimmt noch mehr Spaß!"

Marie lächelt und freut sich sehr über die Unterstützung ihrer Freundinnen. Und

zusammen findet Marie den dunklen Heimweg auch gar nicht mehr so schlimm.

Als ihre Freundinnen nach Hause gegangen sind, bereitet sich Marie auf das Schlafengehen vor. Vor dem Einschlafen denkt sie noch einmal über das heutige Gespräch mit ihren Freundinnen nach.

Sie fühlt sich richtig erleichtert und ist sehr stolz auf sich selbst. Sie hat sich getraut, ihre Meinung zu sagen und auf ihren Bauch und ihr

Herz zu hören. Ab jetzt will sie versuchen, mehr auf ihre Gefühle und Bedürfnisse zu achten.

Gedanken zur Geschichte

Marie war heute sehr mutig, als sie ihren Freundinnen mitteilte, dass sie gerne früher nach Hause gehen möchte. Das war ganz bestimmt nicht so einfach für Marie. Doch sie hat all ihren Mut zusammengenommen und auf sich und ihre Bedürfnisse gehört. Und das, obwohl sie Angst vor den Meinungen ihrer Freundinnen hatte. Warst du schon mal in solch einer Situation? Kannst du dich erinnern, was du in dieser Situation gemacht hast?

Es gibt auch Momente, in denen wir unsere Meinung nicht offen mitteilen können. Genau dann ist es besonders wichtig, dass du auf dein

Bauchgefühl hörst. Denn du selbst weißt am besten, wobei du dich gut fühlst und wobei du dich eher unwohl fühlst. Oft hilft es, mit jemandem über unsere Gedanken und Gefühle zu sprechen, bevor wir sie unseren Freunden erzählen.

Fällt dir eine Person ein, mit der du darüber reden kannst?

DIE ÜBERRASCHUNG

Anna ist ein schüchternes Mädchen. Wenn sie andere Menschen noch nicht so gut kennt, braucht sie immer erstmal eine Weile, bis sie sich traut etwas zu sagen oder mitzumachen.

Aber Tiere liebt sie über alles und besonders gern mag sie Pferde.

Anna war schon beim Ponyreiten auf dem Jahrmarkt und schaut gern ihrer älteren Cousine Clara zu, die seit Jahren ein Pferd in einem Reitstall pflegt, ausreitet und sogar an Turnieren teilnimmt.

Anna träumt schon lange davon, so reiten zu können wie Clara. Am liebsten wäre sie jeden Tag bei den Pferden und bestimmt würde sie beim Ausritt viele spannende Abenteuer erleben.

Morgen hat Anna ihren achten Geburtstag. Sie ist schon sehr gespannt, was sie an diesem Tag erwartet und welche Geschenke sie bekommt.

Beim Abendessen verrät Mama ihr, dass sie für ihren Geburtstag eine Überraschung geplant hat. „Wir machen morgen einen Ausflug auf den Reiterhof!"

„Au ja!", erwidert Anna mit großen Augen.

„Und wenn es dir dort gefällt", erzählt Mama weiter, „dann kannst du dort mit den anderen Kindern richtig reiten lernen, so wie Clara!"

Anna kann es gar nicht richtig glauben, was ihre Mama da gerade gesagt hat. Sie ist begeistert und ihre Augen strahlen vor Freude.

✽ **Hast du auch einen großen Traum? Etwas, das du unbedingt mal machen möchtest?**

Abends beim Zubettbringen stellt sich Anna vor, wie sie auf einem großen weißen Pferd sitzt und über ein grünes Feld galoppiert, wie ihre Haare im Wind wehen und wie viel Spaß sie dabei hat.

Doch plötzlich ist da so ein doofes Gefühl in ihrem Bauch, so als wäre dort ein großer Knoten. Anna wird ganz still.

„Ist alles okay?", fragt Mama besorgt.

„Ich weiß auch nicht!", sagt sie und versucht, mit diesem komischen Gefühl einzuschlafen.

Am nächsten Morgen hat Anna das Gefühl zunächst vergessen. Sie putzt aufgeregt ihre Zähne und stürmt zum Frühstück. Als Anna dann den wunderschönen, mit vielen Pferden geschmückten Geburtstagstisch sieht, kommt jedoch plötzlich das komische Gefühl von gestern Abend wieder zurück.

„Alles Gute zum Geburtstag!", rufen Mama, Papa und ihre kleine Schwester freudig. Aber Anna kann sich gar nicht so richtig freuen. Als ihr dann auch noch Tränen über die Wangen kullern, läuft sie schnell zurück in ihr Zimmer und wirft sich auf ihr Bett. Mama und Papa schauen sich verwundert an und gehen besorgt hinterher.

„Was ist denn los, Anna?", fragt Papa. Ihre Eltern setzen sich neben Anna auf das Bett.

„Ich will nicht auf den Ausflug gehen!", sagt sie trotzig.

„Aber warum denn nicht?", will Mama wissen. „Gestern hast du dich doch noch so sehr darauf gefreut!"

Zuerst versucht Anna Antworten zu finden: Ihr tut der Bauch weh und sie hat auch keine Lust

mehr auf einen Ausflug. Sie könnte ja vom Pferd fallen und sich das Bein brechen. Oder sie macht alles falsch und das Pferd läuft ihr davon.

Doch dann wird sie ganz still. Mama und Papa geben Anna kurz Zeit, damit sie sich beruhigen und ihre Gedanken sammeln kann.

❋ **Hast du eine Idee, was Anna wirklich Bauchschmerzen bereitet?**

„Was ist, wenn mich die anderen Kinder auf dem Reiterhof nicht mögen?", fragt sie leise und wieder kullern ihr dicke Tränen über die Wangen.

„Warum sollten sie dich denn nicht mögen? Du bist doch so ein tolles Mädchen!", erwidert Mama und streichelt liebevoll über Annas Kopf.

„Ich weiß nicht!", antwortet Anna. „Aber ich hab Angst!"

„Weißt du", sagt Papa. „Angst haben ist nicht schlimm! Jeder hat Angst vor irgendwas. Ich zum Beispiel mag gar nicht dran denken, mit einem Flugzeug zu fliegen. Da dreht sich mir der Magen beim bloßen Gedanken um! Und überleg mal, wie deine Schwester immer quietscht, wenn sie eine Spinne sieht!" Als Papa dies sagt, müssen alle drei anfangen zu grinsen.

✽ **Wie ist das eigentlich bei dir: Hast du auch manchmal Bauchschmerzen, weil du Angst vor etwas hast?**

„Jetzt machen wir erst einmal einen schönen Ausflug zu deinem Geburtstag!", sagt Mama beruhigend.

„Und wir sind den ganzen Tag an deiner Seite, Geburtstagskind! Das wird ein toller Tag!", stimmt Papa zu.

„Na schön", antwortet Anna ein wenig freudiger, aber der Knoten in ihrem Bauch drückt sie immer noch sehr.

Nach dem Frühstück machen sich Anna und ihre Eltern auf den Weg. Während der Autofahrt wird Anna das mulmige Gefühl jedoch nicht los. Auch wenn sie selbst gar nicht so genau weiß, weshalb die anderen Kinder sie nicht mögen könnten, drehen sich ihre Gedanken immer wieder im Kreis.

Auf dem Reiterhof angekommen, versteckt sich Anna zunächst etwas schüchtern hinter ihren Eltern.

❀ **Meinst du, dass Anna Angst haben muss? Was würdest du zu Anna sagen, um ihr zu helfen?**

Als sie dann in die große Reithalle hineingehen, ist Anna überrascht. Dort steht nämlich die Reitlehrerin Carolin mit fünf anderen Reitkindern. Alle rufen mit einem breiten Lächeln: „Herzlich willkommen Anna!"

Annas Mama hatte nämlich vorher mit Carolin von der Reitschule telefoniert und die Überraschung organisiert.

Anna staunt nicht schlecht. Auf einem großen Schild steht in dicken Buchstaben ‚Happy Birthday'. Es ist sogar ein kleiner Tisch mit Luftschlangen und Muffins vorbereitet.

Noch etwas schüchtern geht Anna zu den anderen Kindern. Die Reitlehrerin Carolin stellt alle Kinder einander vor.

„Sollen wir dir mal alles zeigen?", fragt danach eines der größeren Mädchen freundlich.

„Ja, komm mit!", ruft ein anderes Mädchen und nimmt Anna bei der Hand. Gemeinsam führen die Kinder Anna über den Hof. Sie zeigen ihr alle Pferde, wo sie wohnen und auch wie sie heißen. Mama und Papa bleiben, wie versprochen, immer in ihrer Nähe.

Annas Sorgen sind auf einmal wie weggeblasen und der blöde Knoten im Bauch ist auch verschwunden. Die anderen Kinder wollen alles über Anna wissen und sie kommt mit dem Antworten kaum hinterher.

Es ist ein wunderschöner Geburtstag auf dem Reiterhof mit vielen neuen Eindrücken und wunderschönen Pferden mit lustigen Namen. Besonders freut sich Anna darüber, dass sie so nett aufgenommen wurde. Sie kann sich die anderen Kinder richtig gut als ihre neuen Freunde vorstellen.

Abends sitzt Anna mit Mama und Papa in einer Decke eingekuschelt auf der Couch.

„Na Anna, wie hat dir dein Überraschungs-Ausflug denn nun gefallen?", fragt Papa.

„Super! Am Anfang wollte ich ja gar nicht hin,

weil ich Angst hatte, dass die anderen Kinder mich nicht mögen. Aber die waren alle ganz lieb. Gehen wir bald wieder da hin?"

„Das können wir machen!", antwortet Mama. „Und wenn du magst, kannst du auch regelmäßig in die Reitschule gehen."

Als Anna im Bett liegt, kullert wieder eine Träne über ihre Wange. Aber diesmal ist es vor Freude. So lange hat sie schon davon geträumt, richtig reiten zu lernen und mit Pferden und anderen Kindern auf dem Reiterhof zu sein.

Morgen will sie ihre Cousine Clara anrufen und ihr alles berichten. Sie will ihr erzählen, wie froh sie ist, dass sie so mutig war und trotz des komischen Gefühls im Bauch hingegangen ist. Anna freut sich bereits sehr auf all die wunderbaren Abenteuer, die sie mit ihren neuen Freunden erleben wird.

Gedanken zur Geschichte

Hat dir die Geschichte von Anna gefallen? Anna hatte zunächst Angst, dass die anderen Kinder sie nicht mögen. Sie hat selbst bemerkt, dass sie sich viel zu viele Gedanken gemacht hat. Das war gar nicht nötig, denn wie du gesehen hast, war die Angst nach kurzer Zeit auf dem Reiterhof verflogen.

Hast du auch schon einmal eine Angst überwunden und konntest wie Anna einen wunderschönen Tag erleben?

Ich bin mir ganz sicher, dass jeder das Gefühl kennt, welches Anna hatte. Denn egal, ob Groß oder Klein, vor neuen Dingen hat man Respekt und das ist auch in Ordnung.

In solchen Situationen hilft mir immer ein kleiner Trick. Soll ich dir den Trick verraten? Dann hör gut zu:

Wenn du das nächste Mal in einer ähnlichen Situation bist, versuche dich in die Sicht der anderen hineinzuversetzen. Überlege, wie es wäre, wenn jemand Neues zu der Gruppe dazu kommt. Da denkst du dir doch bestimmt, dass es schön ist, ein neues Kind begrüßen zu können, oder?

Meistens wirst du feststellen, dass es dann eigentlich gar keinen Grund mehr gibt, Angst davor zu haben. Glaube einfach ganz fest daran, dass alles gut gehen wird. Du bist gut so, wie du bist!

GEMEINSAM SIND WIR STÄRKER

Sofia ist ein aufgewecktes Mädchen. Sie interessiert sich für viele verschiedene Dinge und ist manchmal auch ganz schön neugierig.

Ihre Schwester Sarah ist nur ein Jahr älter als sie und geht auf dieselbe Schule. Beide Mädchen sind sehr beliebt in ihrer Klasse. Eigentlich sind sie sich sehr ähnlich, aber in manchen Dingen unterscheiden sie sich auch etwas. Dadurch ergänzen sie sich oft sehr gut und können sich gegenseitig unterstützen.

Auf dem Weg zur Schule beobachtet Sofia nun

schon zum dritten Mal, wie ein neues Mädchen aus der Parallelklasse geärgert wird. Paul, ein großer, stämmiger Junge aus der vierten Klasse und seine beiden Freunde sitzen immer auf einer Bank am Wegrand und rufen den vorbeilaufenden Kindern Gemeinheiten hinterher.

Zu dem neuen Mädchen, das Sofia nur vom Sehen kennt, sagen sie immer wieder Sachen wie „Na, du Brillenschlange!" oder „Hey Paprikakopf, geh beiseite!" Einmal hat Paul das Mädchen sogar von hinten geschubst.

Sofia findet das richtig gemein.

‚Am liebsten würde ich den Jungs meine Meinung sagen! Die sollen damit aufhören, das Mädchen zu ärgern!', denkt sich Sofia. Aber sie hat Angst davor, denn sie weiß nicht, was die starken und viel größeren Jungs dann mit ihr machen würden.

✿ **Hast du auch schon einmal beobachtet, wie jemand geärgert wird? Wie hast du reagiert?**

Während der Schule muss Sofia die ganze Zeit an das Mädchen denken. In der großen Pause geht Sofia zu ihrer Schwester Sarah. Sie erzählt ihr von der Situation heute Morgen. Sofia würde dem Mädchen so gerne helfen, macht sich aber riesige Sorgen, dass sie dann selbst von den gemeinen Jungs geärgert wird. Aber sie fragt sich auch, wie es sich anfühlen würde, wenn sie selbst an der Stelle des Mädchens wäre und ihr niemand helfen würde.

„Was mach ich denn jetzt, Sarah?", fragt Sofia verzweifelt.

„Na geh einfach dazwischen! Was sollen die schon machen?", antwortet Sarah, die immer ein bisschen mutiger und vorlauter ist als ihre Schwester.

Nach der Schule beobachtet Sofia schon wieder, wie das Mädchen auf dem Schulweg geärgert wird. Sie fühlt so sehr mit ihr und möchte ihr zur Hilfe eilen. Für einen Moment überlegt Sofia zu den Jungs zu gehen und ihnen zu sagen, dass sie damit aufhören sollen. Doch plötzlich hat sie ein schlechtes Gefühl dabei und merkt, wie schnell ihr Herz auf einmal schlägt und der Mut sie verlässt. Sofia fühlt sich wie versteinert und schafft es nicht, die Jungs anzusprechen.

Nachdem die Jungs verschwunden sind, geht Sofia jedoch auf das Mädchen zu, das sich sogar gerade eine Träne wegwischt.

„Hallo. Tut mir leid, dass Paul und seine Freunde immer so gemein zu dir sind!"

Das Mädchen schaut Sofia kurz überrascht an und antwortet dann traurig: „Ja, das finde ich auch ganz doof." Dabei senkt sich ihr Blick wieder auf den Boden.

„Ich bin übrigens Sofia", stellt sich Sofia mit einem kleinen Lächeln vor.

„Mein Name ist Kaja und ich bin neu auf der Schule. Immer wenn die Jungs mich sehen, machen sie sich über meine Brille und meine roten Haare lustig."

„Das ist so gemein! Da muss man doch was machen!", ärgert sich Sofia und hakt ihren Arm bei Kaja ein.

Am Abend berichtet Sofia ihrer Schwester Sarah, was geschehen ist und dass sie plötzlich zu viel Angst hatte, sich zwischen Kaja und den Jungs zu stellen.

„Meine Knie haben plötzlich gezittert und ich war wie versteinert! Und dann hab ich mich wieder über mich selbst geärgert. Kaja ist so lieb, aber ich hab ihr nicht helfen können!", grummelt sie.

„Pass auf", antwortet Sarah, „wir gehen morgen mal ausnahmsweise zusammen zur Schule, auch wenn ich erst zur zweiten Stunde Unterricht hab. Lass uns versuchen Kaja gemeinsam zu helfen. Zu zweit ist man doch immer stärker, wie wenn man allein ist! Okay?"

„Danke Sarah! Du bist eine richtig tolle

Schwester!"

❋ **Wie findest du die Idee von Sarah? Glaubst du, die beiden Schwestern schaffen es, sich gegen die starken Jungs durchzusetzen?**

Am nächsten Morgen machen sich die beiden Schwestern gemeinsam auf den Weg zur Schule. Wieder haben sich die Jungs Kaja zum Ärgern ausgesucht. Plötzlich merkt Sofia, wie ihre Knie schon wieder zittrig und weich werden.

Sarah aber läuft selbstbewusst vor. Auf einmal ist auch Sofia viel mutiger. Das zittrige Gefühl ist wie weggeblasen und eigentlich ist sie jetzt nur noch richtig wütend auf Paul und seine Freunde.

Gemeinsam gehen sie mutig auf die Jungs zu und tun so, als würden sie Kaja seit Ewigkeiten kennen. „Da bist du ja, Kaja, wir haben dich schon gesucht!", ruft Sofia ihr zu.

„Kennt ihr die etwa?", fragt Paul abfällig.

„Ja klar! Und jetzt hört endlich auf, andere Kinder zu hänseln! Lasst uns in Ruhe!", ruft Sofia.

Die Jungs rollen mit den Augen und verschwinden. Die drei Mädchen schauen sich glücklich an und Sofia ist sehr stolz auf sich, dass sie endlich ihre Meinung ausgesprochen hat.

„Danke, das war sehr lieb und mutig von euch!", sagt Kaja erleichtert.

„Ich möchte dir meine Schwester Sarah vorstellen", sagt Sofia freudig. „Hast du Lust, dass wir uns morgen früh treffen und gemeinsam zur Schule gehen? Dann können wir ein bisschen quatschen!"

„Au ja, gerne!", lächelt Kaja.

„Abgemacht!", freut sich Sofia und strahlt zurück.

Am Abend hat ihre Mama liebevoll den Tisch in der Küche gedeckt und das Lieblingsessen der Schwestern gekocht. Die Mädchen setzen sich und lassen es sich direkt schmecken.

„Na ihr zwei, wie war euer Tag?", fragt Mama interessiert.

Sofia berichtet stolz: „Ich hab eine neue Freundin! Oder, wir haben eine neue Freundin!", korrigiert sie sich und schaut zufrieden zu ihrer Schwester rüber. Sarah nickt freudig. „Sie heißt Kaja!"

„Erzählt doch mal!", sagt Mama. „Wie habt ihr euch denn kennengelernt?"

„Also das war so", plappert Sofia mit noch halb vollem Mund los. „Auf dem Weg zur Schule haben Paul und seine gemeinen Freunde ein Mädchen immer geärgert. Sie ist neu auf unserer Schule und total lieb. Aber ich hab mich nicht getraut ihr zu helfen, weil ich auch Angst vor den Jungs hatte. Aber mit Sarahs Hilfe haben wir die Jungs verjagt. Ich habe mit Kaja vereinbart, nun immer gemeinsam zur Schule zu gehen."

„Das ist toll, dass ihr nicht weggesehen, sondern dem Mädchen geholfen habt!", sagt Mama stolz.

„Aber Mama, warum sind die Jungs überhaupt so gemein? Kaja hat denen doch gar nichts getan!", will Sofia wissen.

„Weil sie sich zu dritt stark gefühlt haben. Kaja war allein und wirkte vermutlich schwach auf sie. Da ist es umso leichter sich stark zu fühlen", erklärt Mama.

„Ja, allein hab ich mich auch schwach gefühlt und hatte Angst! Deshalb hab ich Sarah gefragt."

„Genau!", sagt Mama. „Ihr habt heute das richtige getan, denn ihr würdet ja schließlich auch Hilfe wollen in einer solchen Situation! Und es ist wichtig, Hilfe zu holen, wenn man allein etwas nicht schafft! Ich bin so stolz auf euch!"

❋ **An wen kannst du dich wenden, wenn dich jemand wie Paul ärgert?**

Nach dem Essen nehmen sich die beiden Schwestern fest in den Arm. Sofia ist froh, dass sie etwas unternommen hat. Es ist ein schönes Gefühl jemandem zu helfen, auch wenn Sofia dafür sehr mutig sein musste. Und zusätzlich hat sie jetzt sogar eine neue Freundin gefunden. Sie hat Kaja schon richtig ins Herz geschlossen und will von nun an immer mit ihr gemeinsam zur Schule gehen.

Gedanken zur Geschichte

Solch eine Situation wie sie Sofia erleben musste, kommt leider gar nicht so selten vor. Situationen, in denen andere oder auch wir selbst geärgert werden. Diese Situationen machen einen traurig und verletzen.

Vielleicht warst du selbst schon in einer ähnlichen Situation wie Sofia oder auch Kaja?

Es ist schwer, richtig zu handeln und gleichzeitig sich selbst zu schützen. Aber eines steht fest: Nur zuschauen und nichts zu tun ist ganz sicher nicht die richtige Entscheidung! Du selbst würdest dir schließlich auch Hilfe wünschen, oder?

Trotzdem gehört viel Mut dazu, jemandem zu helfen, der geärgert wird. Am besten suchst du dir deshalb noch jemanden zur Hilfe, so wie es auch Sofia gemacht hat. Zu zweit oder zu dritt fühlst du dich immer stärker.

Entscheidend ist, dass du diese gemeinsame Stärke dazu verwendest, um anderen zu helfen und nicht, wie es Paul getan hat, andere zu ärgern!

Nun noch eine spannende Frage zum Schluss: Was bedeutet Stärke für dich?

DIE TANZSTUNDE

Pia ist neun Jahre alt und tanzt für ihr Leben gern. Da sie schon als kleines Mädchen eine Ballerina sein wollte, haben ihre Eltern sie bereits mit fünf Jahren bei einer Tanzschule angemeldet.

Pia besucht die Tanzschule dreimal pro Woche und sie ist mit der Zeit richtig gut geworden. Sie ist sehr stolz darauf, wie gut sie tanzen kann. Manchmal darf sie sogar mit der Tanzlehrerin zusammen die ganz kleinen Ballerinas betreuen und ihnen etwas beibringen.

Die Tanzschule, die Pia besucht, unterrichtet neben dem Ballett viele andere Tanzstile, wie zum Beispiel Tango oder auch Hip-Hop. Während der Tanzstunden gibt es immer kleine Pausen, in denen sich alle Tänzer in einem gemütlichen Aufenthaltsraum treffen. Hier hat Pia auch ihre Tanz-Freundinnen Nora, Lilly und Greta kennengelernt, die jedoch alle drei in der Hip-Hop Gruppe sind.

In den Pausen haben die vier gemeinsam viel Spaß. Am Ende der Pausen findet es Pia immer schade, wieder allein in die Ballettgruppe zu gehen und Nora, Lilly und Greta weiterhin zusammen sind. Pia hat dann das Gefühl, dass sie nicht richtig dazu gehört.

Eigentlich liebt sie es ja, eine Ballerina zu sein. Wenn aber ihre Freundinnen dann über gemeinsame Erlebnisse aus der Hip-Hop Gruppe kichern, fühlt sich Pia ausgeschlossen. Sie kann dann gar nicht richtig mitlachen und

fühlt sich einsam.

Pia ist dann immer traurig und je mehr sie sich ihren Gedanken hingibt, umso mehr zieht sie sich zurück. Inzwischen hat sie nicht mal mehr richtig Lust, sich bei den Aufführungen anzumelden, die die Tanzschule regelmäßig organisiert. Sonst haben ihr die Aufführungen immer sehr Spaß gemacht.

❀ **Kannst du nachvollziehen, warum sich Pia einsam fühlt? Hast du vielleicht eine Idee, was Pia dagegen tun könnte?**

Nach dem Training wird Pia von Mama und Papa mit dem Auto abgeholt. Auf dem Heimweg schaut Pia gedankenversunken aus dem Fenster.

„Welche Laus ist dir denn über die Leber getanzt?", fragt Mama mit einem Lächeln im Gesicht.

„Mmh, was?", schreckt Pia hoch. „Ach gar nichts, ich denk nur über die Tanzschule nach."

„Wieso das denn? Ist was passiert?", fragt Papa besorgt.

„Nein! Es ist schon alles in Ordnung! Nur dass ich immer allein bin, nervt", antwortet Pia. „Meine Freundinnen sind immer zusammen, weil sie alle in der Hip-Hop Gruppe sind. Oft habe ich dann das Gefühl, dass ich nicht so richtig dazugehöre."

„Mmh, das kann ich gut verstehen!", sagt

Mama. „Habt ihr denn schon mal überlegt, einen gemeinsamen Tanz zu machen?"

Pia schaut sie mit großen Augen an. „Nein, aber ich hab eine andere Idee! Ich kann doch einfach mal bei denen mitmachen!", sagt sie freudig.

Am nächsten Mittwoch trägt sich Pia in die Hip-Hop Gruppe ein und ist voller Vorfreude. Als sie ihren Freundinnen von ihrer Idee erzählt, sind alle ganz aus dem Häuschen. Doch Pias Freude hält nicht lange an.

In der Hip-Hop Klasse angekommen stellt sie sich nach ganz hinten, um erstmal einen Überblick zu bekommen. Doch obwohl sie eine sehr gute Balletttänzerin ist, kommt sie überhaupt nicht mit den anderen mit. Sie kann den schnellen Bewegungsabläufen nicht folgen und kommt nicht hinterher.

Als sie merkt, dass ihr die Tränen in die Augen steigen, läuft sie enttäuscht aus dem Tanzraum.

❋ **Kennst du das Gefühl, wenn du etwas Neues versuchst und es nicht von Anfang an klappt? Wie gehst du damit um?**

Pia sitzt weinend und mit angezogenen Knien im leeren Aufenthaltsraum.

„Hey, was ist los? Warum bist du denn abgehauen?", fragt Greta und streichelt Pia über die Schulter. Pia schaut erschrocken auf, als Greta neben ihr auftaucht.

„Das war eine blöde Idee!", sagt sie traurig. „Ich werde nie so gut sein wie ihr!"

„Das ist doch nur eine Frage der Übung! Und dafür bist du die beste Ballerina. Wir machen das schließlich auch schon ewig zusammen!", versucht Greta zu trösten.

„Das ist ja das Problem!", erwidert Pia verzweifelt.

„Jetzt versteh ich gar nichts mehr!", sagt Greta völlig verwirrt.

Pia zögert eine Weile und schaut Greta an. Sie wischt ihre Tränen ab und versucht den Kloß in ihrem Hals runterzuschlucken.

„Na wie du gesagt hast: Ihr macht das halt schon ewig!", versucht sie zu erklären. Greta schaut immer noch verwirrt und Pias Tränen laufen wie ein unaufhaltsamer Wasserfall.

„Zusammen! Ihr macht das schon ewig zusammen! Und ich gehör gar nicht wirklich dazu, weil eine Ballerina nicht zur coolen Hip-Hop Gruppe passt!"

„So ein Quatsch! Wie kommst du denn auf sowas?", fragt Greta entsetzt. „Hast du eine Ahnung wie neidisch wir manchmal sind, wie gut du tanzen kannst?"

„Aber ich dachte …", setzt Pia an.

„Kein aber! Du bist die beste Tänzerin von uns allen! Du bist unsere Pia und wir sind froh, dass wir dich haben! Komm mal her!", sagt Greta und zieht Pia in ihren Arm. Jetzt ist Pia etwas verwirrt, aber gleichzeitig auch erleichtert und glücklich.

In diesem Moment ertönt der Signalton, der die Tanzstunde beendet und Lilly und Nora kommen mit fragendem Ausdruck im Gesicht um die Ecke.

„Was ist denn mit euch los? Warum seid ihr rausgegangen?", fragt Lilly.

„Unsere kleine Ballerina Prinzessin hier", sagt Greta mit aufgesetztem Ton, „denkt, sie ist nicht cool genug für uns."

„Was?", rufen Lilly und Nora wie aus einem Mund.

„Ich hab ihr schon gesagt, dass sie spinnt und dass wir froh sind sie zu haben!", stellt Greta klar!

„Genau so, und nicht anders!", stimmt Lilly zu.

Pia sitzt mit großen Augen da. Inzwischen muss sie über beide Backen grinsen vor Glück. Wenn sie gewusst hätte, wie gern ihre Freundinnen sie haben und dass sie sogar neidisch auf ihr Ballett sind, hätte sie sich einige Bauchschmerzen gespart.

„Ich hab grad voll die coole Idee!", unterbricht

Nora Pias Gedanken. „Was wäre denn, wenn wir bei der nächsten Aufführung was zusammen machen? Ballett mit Hip-Hop Musik! Das wär doch eine super Idee!"

„Ja, du in der Mitte und wir um dich herum! Cool!", freut sich Lilly.

❀ **Wie findest du die Idee von Nora? Kannst du dir vorstellen, dass man Ballett mit Hip-Hop vermischen kann?**

Als Pia nach Hause kommt, fällt Papa ihr strahlendes Gesicht sofort auf.

„Na, du strahlst ja so! Hat es Spaß gemacht, mit den anderen zusammen zu tanzen?", fragt er.

„Nein, die Hip-Hop Tanzstunde war furchtbar. Ich hab sogar geheult!", gibt Pia zu. Ihr Papa schaut sie verwundert an.

„Ich bin raus gerannt, weil ich mit den anderen

nicht hinterhergekommen bin. Dann kam Greta und ich hab ihr erzählt, dass ich denke, nicht dazuzugehören", plappert Pia drauf los.

„Und was hat sie gesagt?", fragt Papa gespannt.

„Sie hat gesagt, ich würde mir das nur einbilden und dass die anderen neidisch sind, wie ich tanzen kann und …", Pia muss schlucken, da ihr vor Rührung die Tränen in die Augen steigen. „Und dass sie froh sind, mich zu haben!", sagt sie glücklich.

„Na siehst du! All die Sorgen umsonst!", sagt Papa und nimmt Pia in den Arm.

„Ja! Und weißt du was? Wir wollen zusammen eine Aufführung machen! Ballett mit Hip-Hop Musik! Cool oder?", sagt Pia begeistert.

„Das ist eine super Idee! Da muss ich dann unbedingt dabei sein und euch zusehen!", sagt Papa stolz. „Das ist großartig, wenn ihr aus euren verschiedenen Tänzen eine große Show

macht! Und jetzt ab ins Bett, du große Ballerina!"

Als Pia später im Bett liegt, denkt sie noch einmal über alles nach: Die beklemmenden Gefühle der letzten Tage und die Sorge, dass die anderen sie nicht dabei haben wollen, die enttäuschende Hip-Hop Tanzstunde, das befreiende Gespräch mit Greta und den begeisterten Blick von Papa, als sie ihm alles erzählt hat.

Endlich hat Pia das Gefühl, dass sie voll und ganz dazu gehört. Sie atmet noch einmal tief durch und schläft zufrieden mit einem Lächeln ein.

Gedanken zur Geschichte

Manchmal kommt es vor, dass wir uns einsam und allein fühlen, obwohl andere Menschen um uns herum sind. Das Gefühl kann entstehen, wenn wir von Menschen getrennt sind, die wir gerne haben. Auch Pia hat dieses Gefühl kennengelernt.

Bei Pia ist dieses Gefühl entstanden, weil sie nicht mit ihren Freundinnen in der gleichen Gruppe tanzte. Dadurch dachte Pia, dass sie weniger wichtig für ihre Freundinnen ist.

Pia hat sich zunächst nicht getraut, ihren Freundinnen zu sagen, was sie bedrückt. Sie hat sich selbst unter Druck gesetzt. Am Ende der Geschichte hat Pia erkannt, dass sie sich viel zu viele Sorgen gemacht hat, denn ihre Freundinnen mögen sie nämlich so, wie sie ist.

Oft hilft es uns, wenn wir direkt über unsere Gefühle sprechen und unseren Mitmenschen sagen, wie es uns geht.

Für den Fall, dass du dich einmal einsam fühlst, sei mutig und sprich es an.

Trau dich!

Ein paar wichtige Worte zum Schluss

Super! Du kannst stolz auf dich sein, denn du hast alle Geschichten gelesen! Welche Geschichte hat dir am besten gefallen?

Bestimmt hast du das ein oder andere Bauchgrummeln, wie bei Emma, Marie oder den anderen Mädchen schon selbst erlebt, oder hattest auch schon mal ein blödes Gefühl? Denn sind wir mal ehrlich: Dieses ungute Gefühl kennen wir doch alle!

Wenn du gut aufgepasst hast, dann hast du vermutlich auch bemerkt, dass jedes Mädchen seine eigene Herausforderung gemeistert hat. Und das obwohl sich die Mädchen anfangs gar nicht gut dabei gefühlt haben. Aber wie du auch gesehen hast, sind alle Mädchen sogar daran

gewachsen. Sie haben neues Selbstvertrauen gefunden, weil sie mutig waren.

Im Leben kommt es nämlich nicht darauf an, dass du keine Angst vor etwas hast, sondern dass du mutig bist! Und mutig zu sein bedeutet auch, dass du zu deinen eigenen Stärken und auch Schwächen oder Ängsten stehst.

Trau dich, du selbst zu sein, denn du bist auf deine eigene Art und Weise wundervoll und vor allem einzigartig!

Deine Katja Sommer

Anmerkungen & Feedback

Zum Schluss möchte ich Euch persönlich dafür danken, dass Ihr Euch für dieses Buch entschieden habt! Zudem hoffe ich sehr, dass Euch die Geschichten, die Bilder und die Reflexionsfragen gefallen haben.

Wie anfangs bereits erwähnt, würde ich mich sehr über ein persönliches Feedback (positiv als auch konstruktiv) von Euch freuen!

Schickt mir hierzu einfach eine E-Mail an die folgende E-Mail-Adresse und lasst mich wissen, wie Euch das Buch gefallen hat!

✉ sommer.farbenkind@gmail.com

Ich verspreche Euch, dass jede Nachricht gelesen wird.

Eure Katja Sommer

Weitere Bücher von Katja Sommer

Impressum

Katja Sommer
farbenkind Verlag
© 2022, 1. Auflage
Coverelement: © GabiWolf – stock.adobe.com

Die Autorin wird vertreten durch:
Kilian Haitzer
Winkl 17
83355 Grabenstätt

Gruppenübung für Selbstvertrauen und Selbstliebe

Als Zugabe möchte ich Euch noch eine erprobte und einfache Gruppenübung für mehr Selbstvertrauen und Selbstliebe mit auf den Weg geben.

Ich weiß, dass sich diese Übung das erste Mal durchaus etwas ungewohnt anfühlen kann. Trotzdem verspreche ich Euch, dass sich jeder einzelne Teilnehmer mit einem unglaublichen Glücksgefühl neu kennenlernen wird.

Also worauf wartet Ihr?

Folgende Schritte sind zu tun:

- Jeder Teilnehmer benötigt einen Stift und ein Blatt Papier.

- Jetzt schreibt Ihr jeweils Euren eigenen Namen groß in die Mitte Eures Zettels.

- Im nächsten Schritt reicht Ihr Euren Zettel an Euren rechten Sitznachbarn weiter.

- Nun stellt Ihr Euch die Frage: „Welche positiven Eigenschaften hat derjenige, dem das Blatt vor mir gehört?"

- Ihr dürft nun alle positiven Eigenschaften der Person aufschreiben, die Euch einfallen. Dabei dürft Ihr ruhig alles aufschreiben, was Euch einfällt!

- Im Anschluss reicht Ihr alle Blätter so lange weiter und wiederholt den Vorgang, bis Ihr wieder Euer eigenes Blatt vor Euch liegen habt.

- Ihr könnt selbst entscheiden, ob Ihr die Wörter auf Eurem Blatt Papier laut vorlesen wollt oder einfach für Euch selbst genießt.